NOS INTÉRÊTS

DANS

L'INDO-CHINE

PAR

P. DABRY DE THIERSANT

AVEC UNE CARTE DU TONKIN

PARIS

ERNEST LEROUX, ÉDITEUR

28, RUE BONAPARTE, 28

—

1884

NOS INTÉRÊTS

DANS

L'INDO-CHINE

OUVRAGES DE M. DABRY DE THIERSANT

Le Catholicisme en Chine au VIII⁰ siècle de notre ère, avec une nouvelle traduction de l'inscription de Sy-ngan-fou. In-8, grande planche...... 5 fr.

La piété filiale en Chine. In-18 elzevir, avec 25 vignettes chinoises.. 5 fr.

Le Mahométisme en Chine et dans le Turkestan oriental. 2 vol. in-8, dessins et carte ... . 15 fr.

De l'origine des Indiens du Nouveau-Monde et de leur civilisation. In-8, illustré ....,...................................... .... 15 fr.

PARIS, ERNEST LEROUX ÉDITEUR

Le Puy, typographie Marchessou fils, boulevard Saint-Laurent, 23.

NOS INTÉRÊTS

DANS

L'INDO-CHINE

PAR

P. DABRY DE THIERSANT

AVEC UNE CARTE DU TONKIN

PARIS

ERNEST LEROUX, ÉDITEUR

28, RUE BONAPARTE, 28

1884

NOS INTÉRÊTS

L'INDO-CHINE

La question à l'ordre du jour est celle du Tonkin. Les uns prétendent que nous avons eu tort de nous lancer dans une aventure dont les suites ne peuvent nous être que funestes ; d'autres, au contraire, soutiennent que nous ne trouverons jamais une meilleure occasion pour relever notre prestige dans l'extrême Orient, ouvrir des débouchés à notre commerce et à notre industrie, et fonder dans l'Indo-Chine un vaste établissement colonial, semblable à celui dont Dupleix avait jeté les bases, et que nous avons perdu par la coupable frivolité de Louis XV. — Nous partageons entièrement cette dernière opinion, et allons tâcher de démontrer qu'elle est rationnelle, conforme aux intérêts de notre pays (1).

(1) Il y aura bientôt vingt ans qu'étant à Han-Keou (Chine), nous indiquions à M. J. Dupuis, le hardi pionnier qui a découvert la navigabilité du principal fleuve du Tonkin, les avantages pour la France de cette voie de communication que nous avaient signalée des missionnaires et des mahométans du Yun-Nan.

I

La péninsule de l'Indo-Chine, nom inventé par le docteur Leyden pour remplacer celui de l'Inde transgangétique, relie deux des plus grands marchés du globe. Située entre la mer des Indes et l'océan Pacifique, elle commande en même temps la route de la Chine et celle de l'Océanie. Elle est divisée politiquement en sept Etats principaux : le royaume d'Annam, la Cochinchine française, les royaumes du Cambodge, de Siam et de Birmanie, le Malacca indépendant et l'Indo-Chine britannique.

En 1862 et 1867, nous avons annexé les six provinces méridionales et occidentales de l'Annam qui forment la basse Cochinchine, avec 50,000 kilomètres carrés au minimum, 110 lieues de côtes et une population de 1,550,497 Annamites, 1,825 Français, 139 étrangers, non compris les émigrants chinois, dont le nombre ne tend qu'à augmenter.

Le royaume d'Annam est borné au nord par la Chine, à l'est par la mer et la Chine, au sud par le Cambodge et notre colonie, à l'ouest par le royaume de Siam. Son territoire embrasse une superficie d'environ 600,000 kilomètres carrés, avec 350 lieues de côtes et une population de 18 à 20 millions d'habitants. Il se compose de la Cochinchine proprement dite, du Tonkin et d'une partie du pays des Laos.

La Cochinchine proprement dite est une longue bande de terre resserrée entre les montagnes et la mer et habitée par deux millions et demi d'Annamites.

Le Tonkin confine, à l'est et au nord, au Céleste Empire ; à l'ouest, au royaume de Siam ; et au sud, à la Cochinchine proprement dite. Sa population, qui dépasse 12 millions d'habitants, s'élèverait, suivant les estimations approximatives des missionnaires, à 18 millions.

Dans les temps reculés, la Basse-Cochinchine, la Cochinchine proprement dite et le Tonkin composaient le pays d'Annam (Ngan-Nan, sud tranquille), nom par lequel les Chinois désignaient cette dépendance habitée par des Mans sauvages aux orteils bifurqués (Kiao-tche, ou Kao-tche). Lorsque l'Annam fut érigé en royaume, Daï-La ou Hanouï ou Kecho (marché), fondée vers l'an 767 av. J.-C. par un gouverneur chinois, prit le titre de capitale qu'elle partagea, à partir du xv⁰ siècle jusqu'au xvɪɪ⁰, avec Tai-Dzai dont on voit encore les ruines dans la province de Than-Hoa. L'Annam eut alors deux capitales, celle de l'est Taï-Kinh, et celle de l'ouest Dôn-Kinh (Tongking en Chinois), d'où est venu le nom que les Chinois ont donné à cette partie du pays, de même qu'ils appelèrent Cochinchine l'état de Chiam-pa ou Cô-tcheng dont la capitale Chiêm-Than (en Annamite) se prononçait Chin-Chin dans le dialecte de Canton. Il est possible aussi que ce mot provienne de Kao-tche-China, le pays habité par les Kao-tche.

Deux rameaux de la race jaune ou Mongole se partagent l'Indo-Chine. L'un se reliant à la grande famille malaisienne avec ses représentants nombreux : les Siamois, les Laotiens, les Khmers ou Cambodgiens et la plupart des peuplades indépendantes de l'Annam ; l'autre est représenté par les Annamites, mélange des premiers avec l'élément chinois

Les premiers temps de l'histoire de ces contrées sont enveloppés d'obscurité. Tout ce qu'on sait par les annales chinoises, c'est que des peuples de race mongole étaient déjà établis dans l'Indo-Chine, au sud de l'empire, une vingtaine de siècles avant notre ère ; que, onze cents ans avant la même date, ils entrèrent en relations officielles avec le Fils du Ciel, et qu'ils furent soumis à la domination chinoise durant nombreuses années ; ce qui explique la similitude des institutions des deux peuples. Mais cette sujétion fut toujours temporaire ; ainsi, de l'an 111 av. J.-C. jusqu'en 1408, l'Annam, pendant plus de 500 ans, fut indépendant et resta gouverné par ses propres rois dont les différentes dynasties qui se sont succédé portent les noms de Dinh, Lê Mac, Thran, et Lé. A partir de 1428, l'Annam a conservé son autonomie, quoique son souverain, à son avénement au trône, reçût de l'empereur de la Chine l'investiture qui impliquait simplement la remise d'un sceau nécessaire pour correspondre avec la cour de Pékin, et quoiqu'il payât un tribut insignifiant qui, comme l'a expliqué Vattel, tout en enlevant de la dignité au pays qui le paye, n'enlève rien à la souveraineté de ce pays ; nous ajouterons que cette dernière obligation à laquelle le premier qui se soumit fut un prince des Lé ne subsista pas toujours. D'après Tavernier (t. V, p. 268) « en l'an 1667, les Chinois voyant que les Tartares se rendoient maîtres de leur pays firent la paix avec le roi de Tunquin, par laquelle on demeura d'accord qu'il ne se parleroit plus de tribut, mais qu'il enverroit tous les ans un ambassadeur à Péquin pour rendre hommage à l'empereur de la Chine ».

En tout cas, depuis cette époque, la Chine n'est jamais intervenue dans les affaires intérieures des royaumes tributaires, tels que l'Annam, la Birmanie, Siam, le Laos, etc., et n'a point protesté quand l'Angleterre s'est emparée successivement de l'Assam, du Pégou, du Tenasserim, ou que le Laos fut partagé entre la Birmanie, le Siam et l'Annam.

Dans le principe, les Annamites n'occupaient guère que les provinces actuelles du Tonkin, berceau de leur grandeur. Hanoï, construite au VIIe siècle de notre ère, était leur capitale. Peu à peu ils s'étendirent au sud et, en 1450, conquirent le royaume de Ciampah. Au commencement du XVIIe siècle, le souverain de l'Annam était parvenu à son plus haut degré de puissance. C'est alors qu'un gouverneur du Ciampah (Cochinchine), nommé Nguyen-Hoang, leva l'étendard de la révolte, et se fit déclarer roi, en choisissant Hué pour capitale. Telle fut l'origine de la dynastie des Nguyen ; il y eut alors deux États distincts, l'un au Tonkin, l'autre en Cochinchine. — Guillaume Dampier, qui visita ces contrées au commencement du XVIIIe siècle, raconte à leur sujet ce qui suit : « Le royaume du Tonkin est une monarchie absolue, mais telle qu'il n'y en pas de semblable dans le monde ; car ils ont deux rois, et chacun est souverain dans ce qui est particulièrement de son ressort. L'un est appelé Boua et l'autre Choua. J'ai ouï dire que ce dernier mot signifiait maître. Le Boua et ses ancêtres étaient les seuls monarques du Tonkin ; mais je ne sais pas s'ils étaient absolument indépendants ou s'ils étaient simplement tributaires de la Chine, dont on a cru à tort que Tonkin était une province frontière. Les Bouas ou anciens rois du Tonkin étaient autrefois maîtres de la Cochinchine, et ils tenaient cette nation soumise à leur empire par le moyen d'une armée de Tonkinois qui y demeurait continuellement sous la conduite d'un général ou député qui gouvernait le pays. Lorsque la Cochinchine secoua le joug des Tonkinois, le roi avait deux généraux de ses troupes, l'un dans la Cochinchine, l'autre dans le Tonkin même. Ces deux généraux ayant eu quelque différend, celui qui était dans la Cochinchine se révolta contre son souverain, le roi du Tonkin, et il se servit du pouvoir qu'il avait là sur l'armée pour se faire déclarer lui-même roi de la Cochinchine. Depuis ce temps-là ces deux nations ont toujours été en guerre l'une contre l'autre. Le général tonkinois, nommé Trinh, voyant que celui qui commandait dans la Cochinchine avait si bien réussi à secouer le joug du Boua, voulut faire aussi la même chose, et après avoir gagné l'affection de l'armée, dépouillé le roi son maître de toute autorité royale, il se saisit de sa personne et s'empara des revenus de la couronne, en lui laissant néanmoins le titre de roi, à cause apparemment du zèle particulier que le peuple avait pour cette famille. Le royaume du Tonkin tomba ainsi entre les mains de ce général tonkinois et de ses descendants qui portent le titre de Chouas. »

Telle était la situation politique de l'Annam en 1785, quand une révolution éclata en Cochinchine. Le prince Nguyen-Anh, échappé au massacre des siens, fut recueilli par Mᵍʳ Pigneau de Béhaine, évêque *in partibus* d'Adran et vicaire apostolique de la Cochinchine, qui lui conseilla de solliciter l'appui de la France, et conduisit son jeune fils Canh d'abord à Pondichéry, puis à Versailles, où il fut présenté à Louis XVI. Un traité fut conclu le 28 novembre 1787, par lequel le roi de France promettait un secours de 1,650 hommes, de 4 frégates et de 3 bâtiments de transport au prétendant annamite qui s'engagea en échange à nous céder la baie de Tourane, l'île de Poulo-Condor et à nous fournir une armée de 40,000 hommes dans le cas où nos possessions en Asie seraient menacées. La Révolution française fit oublier la convention. Toutefois l'évêque d'Adran put obtenir l'escorte de la corvette *la Méduse* pour deux navires du commerce armés et équipés à ses frais et le concours de onze officiers français, parmi lesquels des ingénieurs distingués, qui aidèrent le prétendant annamite à remonter sur le trône. Rentré à Hué en 1797, il conquit le Tonkin en 1802, équipa une flotte formidable, couvrit le pays de fortifications à l'européenne, promulgua un Code d'après la législation chinoise, et régna vingt ans sous le nom de Gia-Long. C'est depuis cette époque que le Tonkin est sous le joug des Annamites.

La chute de la royauté française, les événements qui s'ensuivirent, les guerres de l'empire, n'étaient pas favorables à des entreprises coloniales. L'Annam fut laissé de côté ; nous voyons cependant que Bonaparte, premier consul, se fit dresser un rapport sur la Cochinchine : l'importance de cette position ne lui avait pas échappé. En 1820, le gouvernement de la Restauration, reprenant les traditions de la monarchie, qui déjà sous Louis XIV avait cherché à faire pénétrer l'influence française dans l'Indo-Chine, nomma M. Chaigneau, un des officiers qui, ayant accompagné l'évêque d'Adran, était resté à la cour du roi d'Annam, consul à Saïgon, en le chargeant de négocier un traité de commerce avec Min-Manh, successeur de Gialong, lequel, à peine sur le trône, inaugura une politique anti-européenne et, non content de rejeter nos propositions, se mit à persécuter les chrétiens, fort nombreux depuis les missions du xviie siècle. Min-Manh fut remplacé par Tien-tri, auquel succéda, en 1847, le roi Tuduc, dont les nouvelles persécutions contre les chrétiens et l'insolence à notre égard amenèrent l'annexion de ses provinces méridionales et occidentales.

Il y a donc quatre-vingt-un ans que les Tonkinois sont sous la domination annamite et souffrent tout ce qu'un peuple vaincu peut souffrir de la part de ses oppresseurs. Ils ont cherché maintes fois à secouer ce joug de fer qui les écrase, leurs efforts n'ont abouti qu'à rendre leur sort plus malheureux. Telle est une des raisons pour lesquelles ils n'ont pu tirer un meilleur parti des ressources et des avantages dont leur pays a été comblé par la nature.

Le climat du Tonkin peut être considéré comme salubre. Voici ce qu'en dit Guillaume Dampier : « Ce royaume est généralement sain, surtout dans les temps secs où il est fort agréable. On distingue les saisons en sèches et humides ou pluvieuses avec autant de justesse qu'on les distingue dans les autres pays en hiver et en été. Mais encore le changement de l'été en hiver et de l'hiver en été n'arrive pas tout à coup, mais il se trouve entre eux les saisons de printemps et de l'automne qui participent un peu de l'un et de l'autre. On voit aussi sur la fin de la saison sèche, de temps en temps, de petites pluies qui précèdent le mois où elles règnent avec violence, de même qu'à la fin de ce mauvais temps, il fait d'assez beaux jours qui conduisent à la grande chaleur.

« Il fait une chaleur excessive dans les mois humides, particulièrement lorsque le soleil peut se dégager des nuées et les pénétrer ; alors
le vent ne se fait sentir que médiocrement.

« La saison humide commence à la fin d'avril ou au commencement
de mai et dure jusqu'à la fin d'août où les pluies sont extrêmement
violentes. Elles durent plusieurs heures de suite, quelquefois deux ou
trois jours. Cependant ces pluies sont accompagnées de quelques inter-
valles de beaux temps assez considérables surtout au commencement
ou à la fin de la saison. Ces pluies produisent des inondations périodiques qui fertilisent le sol par le débordement des rivières. Le temps
est plus modéré dans le mois d'août par rapport à la chaleur ou à l'humidité, quoiqu'il y fasse de grosses pluies. Néanmoins le plus mauvais
temps qu'il fasse arrive dans ce mois et dans les deux qui suivent ;
c'est alors que règnent les tempêtes nommées typhons.

« Les mois de novembre et de décembre sont extrêmement secs,
chauds, sains et agréables ; janvier, février et mars sont assez secs,
mais on y a des brouillards fort épais le matin et quelquefois des pluies
froides. L'air est aussi bien froid dans ces trois mois, surtout en janvier, en février et en particulier lorsque le vent N.-E. ou N.-N.-E.
souffle. Le mois d'avril est assez modéré tant à l'égard du froid et du
chaud que par rapport à la sécheresse et à l'humidité. »

Nous ajouterons que ces renseignements intéressants sur le climat
du Tonkin ne s'appliquent qu'au delta, c'est-à-dire à la partie la moins
élevée, visitée par Guillaume Dampier, et que le climat est de plus en
plus salubre, à mesure qu'on gagne les hauts plateaux. La région des
grandes forêts seule est assez malsaine à cause de la fièvre des bois,
mais cette insalubrité disparaîtra par l'exploitation.

Le Tonkin, par suite de sa configuration topographique, peut être
divisé en quatre zones comprenant : 1° le delta qui forme un triangle
isocèle ayant son sommet à *Son-Tay* et dont la base s'étend de *Kouang-
Yen* à *Nin-Binh*. Les provinces *de Bac-Ninh, Ha-noï, Hai-Dzuong,
Hung-Yen, Nam-Dinh, Nin-Binh*, et une partie de celle de Son-Tay,
sont situées entre ses trois côtés. — 2° La région des plateaux embrasse une vaste surface de terrain qui s'élève graduellement au nord
à partir du Song-Koï et de ses affluents, près d'Hanoï. Les plus hauts
pics visibles de Kouang-Yen ont de 1,100 à 1,400 mètres d'altitude.

Cette zone contient les provinces de *Cao-Bang, Lan-Son, Taï-Nguyen, Tuyen-Koang* et *Kouang-Yen.* Entre la province chinoise de Kouang-Tong et la province annamite de Kouang-Yen, la frontière est délimitée par le Ngan-Nan-Kiang qui passe à La-Fou. Entre le Kouang-Si, du côté de la Chine, et les provinces de Lang-Son et de Cao-Bang, du côté de l'Annam, les limites des deux territoires sont marquées par les trois passes murées de Bin-Nhi-Hai, Giap-Hai et Bien-Kuong-Hai, ainsi que par les cinq pics de la chaîne des Ngu-Ling, cités, dès le ixe siècle avant Jésus-Christ, comme bornes de la frontière septentrionale du pays qui portera plus tard le nom d'Annam ou Yunnan. Au nord, du côté du Yunnan, les frontières ont été déterminées en 1727. La cour d'Annam, qui à cette époque résidait au Tonkin, avait fait occuper quelques localités du sud du département de Kaï-Hoa (Yunnan). Un conflit allait éclater ; mais, dit la chronique chinoise, le roi fit des excuses à l'empereur de la Chine qui, tenant compte du caractère respectueux de sa démarche, le confirma dans la possession de 40 lis du territoire indûment occupé ; de telle sorte que la ligne de démarcation de ce côté peut être considérée comme passant au-dessus de Lao-Kai, et se dirigeant de l'ouest à l'est par les points établis à l'époque dont nous venons de parler. — 3° La troisième zone est une ceinture montagneuse coupée par de nombreux cours d'eau et s'étendant au sud du delta jusqu'à la Cochinchine proprement dite. Elle comprend les provinces de *Nghe-An, Than-Hoa* et *Ha-Tinh.* — 4° La quatrième zone est formée par la région occidentale très accidentée dans laquelle se trouvent les provinces de *Hung-Hoa* et de *Son-Tay.*

Le Tonkin est encore une *terra ignota,* en dehors du delta et des parties situées près des cours d'eau. Le sol du Tonkin se compose de deux parties bien distinctes : le pays plat et la région des montagnes.

Le pays plat est formé presque partout de terrains alluviaux. A une époque reculée, la plus grande partie des territoires qui constituent actuellement le bassin inférieur de Song-Taï et du Taï-binh, se trouvaient submergés et étaient réduits à divers groupes d'îles et d'îlots représentés aujourd'hui par des collines qui surgissent au milieu de la plaine. Au viiie siècle de notre ère, Hanouï, ainsi que l'indique son nom, avait ses murs baignés par la mer et toutes les provinces au-dessus de cette ville n'existaient pas encore.

Le pays plat, surtout dans le bassin de Songkoï est exposé à des inondations périodiques.

La région des montagnes comprend deux massifs : celui du nord et celui du sud-ouest. Le premier a pour centre la province de Cao-Bang (plateau élevé). D'une forme circulaire d'un côté, il s'étend vers le golfe suivant une direction sud-est; de l'autre, il va se souder aux plateaux du Yun-Nan et du Laos-Birman; il couvre les provinces de Kouang-Yen, de Lang-Son, de Cao-Bang, de Tuyen-Koang, de Hung-Hoa et de Taï-Nguyen.

Le massif du sud-ouest se rattache à celui du nord dans le bassin de la rivière Noire. Sa forme générale est à peu près celle d'un triangle dont le sommet, tourné vers le sud, serait dans la province de Ha-ting. Il envoie vers la mer des contreforts dont les plus importants délimitent entre elles les provinces du sud.

On ne connaît pas la hauteur de la plupart de ces montagnes; on sait seulement que quelques sommets dépassent 1,500 mètres d'altitude.

Une grande partie de la région montagneuse est encore couverte d'immenses forêts habitées, par des peuplades indépendantes quoique tributaires de la couronne d'Annam et appartenant au rameau Laotien-Siamois de la race Mongole.

Le Tonkin est administré par sept gouverneurs généraux (Tong-toc) et des gouverneurs (Tuan-phi), qui sont à la tête des provinces moins importantes. Chaque province est divisée en départements, arrondissements, cantons et communes. Ces dernières sont dirigées par un conseil de notables choisis parmi les inscrits, les plus riches et les plus influents qui nomment le *xa-truong*, sorte de maire. La famille constitue, comme en Chine, une véritable tribu dont tous les membres sont solidaires sous la responsabilité du chef de la communauté qui jouit d'une autorité considérable vis-à-vis des siens. Cette organisation pourra nous être très utile plus tard.

Les villes principales du Tonkin sont Hanoï, dont la population atteint près de 100,000 âmes, Nam-Dinh 50,000, Than-Hoa 42,000, Haï-Dzuong 30,000, etc.

Ninh-Binh est le Gibraltar du Tonkin. Hanouï est la tête, dit un proverbe tonkinois, mais Ninh-Binh est le cou. Cette citadelle s'élève à la bifurcation du bras principal du Daï et de la rivière de Van-Sang. Sa force réside en deux forts bâtis sur deux rochers à pic dont l'un surplombe la rive du Daï ; elle est à cheval sur la route qui va de Hué à Hanouï.

Nan-Dinh et Ninh-Binh sont de grands centres d'agriculture très riches. Hang-Yen, entre Hanoi et Nan-Dinh, est le chef-lieu de la plus petite des provinces ; c'est là que les premiers Européens s'établirent il y a deux siècles, et qu'étaient situées les factoreries portugaises et hollandaises ; elle était alors près de la mer, tandis qu'elle en est maintenant à 60 milles. Hung-Hoa, à l'embouchure de la rivière Noire et du Song-Koï, est habitée par des populations aborigènes, les Muongs, obéissant à des chefs héréditaires. Son-Tay, Bac-Ninh, Cao-Bang et Lang-Son sont des places de premier ordre au point de vue stratégique. Bac-ninh est dans l'intérieur des terres, sur la rive droite du Song-Cau ; elle est bâtie au milieu d'une plaine cultivée sur laquelle s'élèvent cà et là de petits mamelons couronnés de pagodes. Une ville de cinq à six cents maisons s'étend en demi-cercle, en dehors de la citadelle, le long du chemin de Hanouï à Lang-Son. La citadelle formée de six fronts bastionnés est entourée de fossés qu'on franchit sur des ponts fixés. Elle est complètement dominée par les collines environnantes, distantes de 800 à 1,500 mètres. La citadelle de Lang-Son forme un carré d'environ 500 mètres de côté, mais sans bastion, ni fossés. Les murs, hauts de 3 mètres, sont en briques. La citadelle est dominée par une colline. Cette ville, située à une vingtaine de kilomètres du Kouang-Si, est le point de rencontre des trois routes qui relient cette province chinoise à Hanouï. Cao-Bang et Lang-Son sont les clés des provinces septentrionales ; une fois mises par nous en état de défense avec Bac-ninh et Taï-Nguyen pour les appuyer, la frontière du Tonkin de ce côté sera à l'abri de toute invasion chinoise. Haï-Dzuong, également place forte, occupe le troisième rang pour le commerce. Haï-Phong, est un port de mer, important au point de vue commercial, mais qui présente deux désavantages, le premier c'est que le terrain sur lequel la ville est bâtie est envahi par les hautes marées et, en second lieu, que l'eau potable y est rare. Kouang-Yen, plus au nord, à cheval sur la route du Kouang-Si, deviendra le vrai port du Tonkin et un excellent sanitarium pour nos troupes. Aucun point ne peut présenter pour nous plus d'intérêt que Kouang-Yen, de même que

Lao-Kay sur le Song-Koï, qui n'est plus qu'une bourgade mais est appelée à prendre plus tard une grande extension à cause de son voisinage du Yunnan. Taï-Nguyen possède dans ses environs des mines de zinc, de fer, d'argent et du charbon. Tuyen-Koang, sur la rivière claire, à la limite orientale de la région forestière, n'est pas sans importance à cause de la route qui conduit en Chine. Les côtes de l'archipel et les îles sont peuplées de pêcheurs et de pirates chinois. Mong-Kaï et Tong-kin-Hoï, situées des deux côtés de la rivière Paklan, sont d'un accès difficile à cause des îles et des bancs de sable qui bordent la côte. Ce sont des lieux de refuge pour les contrebandiers.

Le Tonkin est arrosé par plusieurs rivières, dont la plus importante est le Song-Koï ou Song-Ka (rivière principale), appelée dans le Yunnan Hong-Kiang (fleuve Rouge), sans doute à cause du minerai de fer que contient son lit et qui donne à ses eaux une couleur rougeâtre. Sur la carte du Père de Rhodes, il est porté sous le nom de Bo-dê ; il prend sa source dans le Yunnan et se jette dans le golfe du Tonkin ; il n'est navigable que jusqu'à Mang-hao, à 240 milles de la mer. Sa navigation, d'après le rapport de M. Kergaradec, chargé par le gouvernement de faire la reconnaissance du fleuve en 1876-77, n'est praticable que de mai à novembre aux canonnières, jusqu'au pied des rapides, à quelques lieues au-dessus de Kouen-ce où se trouve le premier rapide Seau-Tan. Au-dessus de Kouen-ce jusqu'à Lao-Kay, on peut se servir toute l'année de bateaux à vapeur de construction spéciale, plats, à faible tirant d'eau et à roues, dans la forme des jonques. De Lao-Kay à Mang-Hao, les marchandises sont transportées au moyen de bateaux construits *ad hoc*, qui, pour parcourir la faible distance de 60 milles environ, emploient dix à douze jours. La navigation de Hanoï à la mer est praticable en tout temps pour les bateaux de 5 pieds de tirant d'eau. La route la plus courte dans la saison des pluies est par le canal Songche ou Songky. Durant la saison sèche, on est obligé de suivre une série de canaux jusqu'à un village sur le Song-Koï, à quelques milles au sud de Hong-Yen, d'où l'on se rend à Hanoï et à Nam-Dinh. Au-dessus de Hanouï le Song-Koï se partage en deux branches. La branche principale se ramifie, avant de se jeter dans la mer, en un grand nombre de canaux dont les plus importants sont le Dzien-Ho, le Tra-Ly, le Ba-Lat, le Ha-Lan et le Lac. Elle communique avec le Daï par trois arroyos et avec le Taï-Binh par trois canaux dont l'un aboutit au-dessous de Taï-Nguyen. Le second, appelé canal Songki ou Song-che ou canal des rapides, passe à 4 milles et demi de Bac-Ninh. Son cours est obstrué par des rapides, aussi n'est-il navigable que pour des canonnières du plus petit modèle. Le troisième canal porte le nom de Cua-Loc ; issu du Song-Koi, au-dessous de Hung-Yen, il entre dans le Taï-Binh à quelques milles au-dessus de l'embouchure de ce fleuve. Ce canal peut porter de grandes canonnières. La deuxième branche du Song-Koï est appelée Song-Hat ou Daï. Avant Nin-Binh, le Daï reçoit la riviére Dao-Giang et se partage ensuite en deux bras, l'un qui conserve le nom de Daï jusqu'à la mer, l'autre qui porte celui de Van-Sang et s'appelle Song-Cau à son embouchure.

Le He-Ho ou Song-Ba (rivière noire) est un cours d'eau assez important, mais encore plus impraticable que le Song-Koï, et qui prend sa source dans le Yunnan. En quittant la Chine, il traverse le plateau du Laos et se dirige parallèlement au fleuve Rouge. A la hauteur de son confluent, il se redresse, coule vers le nord pendant une douzaine de lieues et va se jeter dans le Song-Koï près de Hung-Hoa. On avait conçu l'espoir qu'il servirait de voie de communication avec le Laos ; mais son exploration, qui a été faite par M. Colquhoun et par d'autres voyageurs, a prouvé que des bateaux d'un faible tirant d'eau ne pouvaient dépasser une barrière de rochers et une cataracte qui se trouvent à une distance peu éloignée de son embouchure.

La rivière Claire (Tsin-Ho) prend également sa source dans le Yunnan et, après un certain parcours, se fraye un passage sous terre en sortant de la province, reparaît ensuite et continue son cours jusqu'au Song-Koï. Elle n'est navigable que sur un espace de 40 milles à partir de son embouchure. Elle présente plutôt les caractères d'un torrent. Les autres cours d'eau du Tonkin sont : le Ngan-Nan-Kiang qui sert de frontière commune à l'Annam et à la province chinoise de Kouang-tong ; le Song-Ki-Kung qui passe à Lang-Son et va se jeter dans le Po-Kiang, affluent du Si-Kiang ou fleuve de Canton ; la rivière Tam qui se jette dans le golfe du Tonkin, près de l'archipel Fitz-Long ; la rivière de Luc-Ngan ou Loc-Nan et celle de Song-Thuong qui, réunies, se jettent dans le Song-Cau. Ce dernier, quelques milles plus bas, après avoir reçu le canal des rapides ou Song-Ki, se partage en deux branches, le Taï-Binh et le Kinh-Taï qui, avant d'arriver à la mer, se subdivisent en nombreuses ramifications.

Citons encore le Song-Ma qui arrose la province de Than-Hoa, le Song-Su, le Song-Ka, rivière du Nghe-An, enfin le Song-Gianh qui se jette dans la mer, dans la province de Ha-Tinh.

Le Tonkin ne possède que trois lacs connus dont un seul est digne de ce nom le Ba-Bé (les trois mers), et qui est entouré de montagnes habitées par des tribus indépendantes.

Comme voies terrestres, le pays laisse beaucoup à désirer. Aucun chemin au Tonkin n'est carrossable. La route la plus importante est celle qui va de Hanoï en Cochinchine et qui a été construite sous le règne de Gialong; de Hué à Hanouï on compte 556 kilomètres. Pour se rendre en Chine, il y a quatre routes connues, la première viâ Lang-Son, la seconde viâ Kouang-Yen, la troisième viâ Cao-Bang et la quatrième viâ Tuyen-Kouang dans la région forestière. Ces routes ont environ 5 ou 6 mètres de largeur, mais ne sont praticables qu'une partie de l'année. Dans le Delta se trouvent un grand nombre de chaussées formées par les endiguements.

De Hanouï à Bac-Ninh on compte   32 kilomètres.

—	à Taï-Nguyen	—	150	—
—	à Lang-Son	—	144	—
—	à Cao-Bang	—	150	—

De Lang-Son à la frontière chinoise on compte   20 kilomètres.

De Kao-Bang   —   —   80   —

De Kouang-Yen   —   —   200   —

En résumé, il y aura beaucoup à faire au Tonkin pour améliorer les voies de communication ; mais il sera facile d'en créer de nouvelles et de construire des voies ferrées, le pays abondant en fer, charbon, bois, etc., et en bras que l'on peut se procurer aisément et à bon marché.

Les productions du Tonkin sont très variées.

En première ligne, nous citerons le riz qui est le meilleur du monde. On en fait deux récoltes par an, l'une en mai, l'autre en novembre. « Quoique le pays, qui est très bas, dit Dampier, se trouve quelquefois inondé dans le temps de la moisson, celle-ci ne pourrit pas pour cela ; mais on l'amasse telle qu'elle est, et on la porte toute trempée dans des canots à la maison où, après l'avoir liée en petites gerbes, on la suspend pour la faire sécher. » Un hectare de rizière en Cochinchine donne un revenu minimum de 250 francs par an. L'exportation du riz du Tonkin représente 39 pour 100 dans l'ensemble des exportations. Son commerce est entre les mains des Chinois.

Après le riz, la principale production est celle de la soie, dont la qualité jusqu'à présent laisse un peu à désirer à cause de l'imperfection des procédés de dévidage; mais il sera facile d'y remédier, et tout permet d'espérer que cette industrie prendra plus tard un grand développement. Le mûrier croît très bien dans les provinces septentrionales, occidentales ou centrales du Tonkin.

Le coton réussit merveilleusement dans certaines parties, surtout dans les fertiles alluvions exposées aux brises de la mer et dont la nature et la situation sont analogues à celles de la Louisiane et de la Caroline. La qualité en est bonne et la vente en sera facile en Chine.

Le thé des plateaux vaut, dit-on, le pou-eul-tcha, si apprécié en Chine, et cette précieuse plante, cultivée sur une grande échelle, sera sans doute une des meilleures ressources du pays.

La culture de la canne à sucre est répandue dans tout le Tonkin. Il n'est pas de famille qui n'en possède quelques pieds dans son jardin. La province de Nam-Dinh est un des principaux centres de cette production qui sera illimitée lorsqu'elle sera encouragée. On n'aura que l'embarras du choix pour l'établissement des plantations et des usines.

Le caféier pousse parfaitement sur les collines avoisinant les vallées du fleuve Rouge et de ses affluents. Les essais d'acclimatation par les missionnaires à Késo ont donné d'excellents résultats. C'est au Tonkin surtout que le caféier de Libéria réussira aussi bien que dans sa patrie d'origine dont le climat est également chaud, humide et stimulant.

Le tabac du Tonkin, préparé par des procédés mieux entendus, pourra se montrer sans crainte sur les marchés de la Chine et peut-être même de l'Europe. Celui qu'on récolte dans le bassin de la rivière Noire est d'une qualité supérieure.

L'indigo abonde dans le Tonkin méridional et deviendra une source de richesse pour les habitants de cette région.

L'arbre à vernis et le Tong-Chou *(Eleococa verniciflua)*, d'où l'on tire les matières avec lesquelles on fait la laque et qui servent à un grand nombre d'autres usages, couvrent de grandes surfaces dans les provinces septentrionales. Or le commerce de la laque et de l'huile de Tong-Chou représente en Chine plus de 200 millions de francs.

La plante qui produit l'opium pourrait réussir au Tonkin aussi bien que dans le Yunnan.

Ajoutons à ces productions, que nous désignerons sous le nom de productions de premier ordre, et *dont une seule suffit pour enrichir un pays*, le maïs, qui est la base de l'alimentation d'un grand nombre de localités, l'ortie blanche *(Urtica nivea)*, le caoutchouc, la gomme gutte, le ricin, la cannelle, le gingembre, la rhubarbe, le bétel, des plantes médicinales et tinctoriales, qui constituent autant d'articles de commerce, etc.

Les forêts produisent quatre espèces de bois de fer, des bois d'ébène, de rose, de sandal, etc., etc. « Il y a, dit Dampier, de très bons bois pour bâtir soit des vaisseaux ou des maisons. On peut même en tirer des mâts. » — En Cochinchine, un hectare de cocotiers donne annuellement un revenu net de 2,344 fr., un hectare d'aréquiers 2,213 fr., et de mûriers 2,500 fr.

La terre, l'air et l'eau fournissent en abondance tout ce qui est nécessaire à l'existence. Le sol est d'une fertilité extraordinaire en plantes alimentaires. Le porc est la base de la nourriture des habitants avec le poisson qui pullule dans les rivières et les étangs. On trouve également le buffle, animal précieux pour le labour des rizières, le bœuf à bosse charnue, dont la chair est assez bonne, des chèvres, des poules, des canards, des oies, des pigeons, des paons, des daims, des chevreuils, des lièvres, etc., etc. « Les habitants, dit Dampier, mangent aussi de la chair de cheval, des chats, des chiens, des sauterelles; la trompe d'éléphant est un présent fort agréable à une personne de qualité. » Les forêts recèlent un grand nombre de bêtes fauves, tigres, rhinocéros, panthères, éléphants, etc., etc.

Ce n'est pas tout. Le sol du Tonkin renferme dans son sein des richesses minières incalculables. La première exploration sérieuse qui a été faite par M. Fuchs, ingénieur en chef et professeur de géologie technique à l'Ecole des mines de Paris, a dépassé toutes les prévisions. Il a reconnu que le bassin houiller du Tonkin, qui s'étend parallèlement à la côte dans la direction moyenne de l'est à l'ouest, comprend une superficie mesurant près de 1,000 kilomètres carrés. « La fraction

de cette masse totale que nous regardons comme industriellement uti-
lisable, dit le savant ingénieur dans son rapport, suffit pour assurer,
pendant de longues années, le fonctionnement normal d'une exploitation régulière et proportionnée au besoin de la consommation du com-
bustible dans l'extrême Orient et à l'importance de la mise de fonds
qu'exigeraient les travaux de premier établissement. L'un des gîtes les
plus riches du système inférieur (Mine Henriette) est distant d'environ
4 kilomètres d'une baie abordable à des sampans lors de la marée, et
de moins de 10 kilomètres d'un mouillage convenable pour les bâtiments
ayant 5 mètres de tirant d'eau. La qualité du charbon est d'une constance
remarquable. C'est une houille essentiellement anthraciteuse, friable
aux affleurements, suffisamment compacte pour exiger l'emploi du pic
et même de la poudre à une profondeur de 10 mètres. » M. Fuchs es-
time qu'on peut regarder le charbon du Tonkin comme un combusti-
ble tout à fait industriel, comparable aux charbons maigres de Charle-
roi, et se rapprochant des anthracites de Pensylvanie. « Ces résultats,
conclut-il, dépassent de beaucoup nos prévisions et assurent à la *partie nord-est du Tonkin* une place importante dans l'industrie houillère;
mais il y a plus, nous sommes porté à croire que le bassin du Tonkin
et celui de Tourane ne sont pas isolés, et qu'ils ne forment en réalité
que deux des anneaux d'une chaîne plus ou moins continue qui forme
la ligne de partage entre le Mekong d'une part, le fleuve Rouge et les
rivières de l'Annam de l'autre. »

En dehors de la houille, le Tonkin produit du fer, du cuivre, du
plomb, du zinc, de l'étain, de l'antimoine, du cinabre, de l'argent, de
l'or, du marbre, de l'ambre et des pierres précieuses, parmi lesquelles
la plus commune est la cornaline.

Dampier, que nous ne craignons pas de citer, dit (t. III, p. 74) : « Il
y a beaucoup d'or dans le Tonkin : il ressemble à l'or de la Chine, il
est aussi pur que celui du Japon et même beaucoup plus fin. Onze ou
douze taels d'argent valent un tael d'or. La province du nord, ajoute-
t-il, est un grand pays dont les montagnes renferment de l'or. » Cette
assertion est confirmée par les relations des missionnaires, de M. Dupuis et des autres voyageurs qui ont visité le Tonkin et par la liste des
tributs qu'au VIIe siècle ce royaume payait à la Chine.

Telles sont les principales ressources de cette magnifique contrée dont le sol, en grande partie, est encore vierge, et dont la population comprend déjà plus de douze millions d'habitants laborieux, intelligents, timides, doux, dociles, soumis, gais et disposés à accepter, sinon avec enthousiasme, du moins sans mécontentement, notre protectorat qui, en les délivrant de la tyrannie annamite, leur permettra de jouir en paix du fruit de leurs travaux et augmentera la prospérité du pays. Ils ne sont pas fanatiques, de sorte qu'au rebours de ce que nous trouvons en Afrique, leurs croyances religieuses ne seront pas pour nous une source de difficultés. Leur foi est très affaiblie, comme celle des Chinois : les lettrés, les mandarins donnent l'exemple du scepticisme. Le seul culte qui soit resté vivace dans toutes les classes de la société est celui des ancêtres. Un certain nombre d'entre eux, plus de cinq cent mille, ont adopté le catholicisme et nous ont donné, dans ces derniers temps, des témoignages non équivoques de leurs sympathies et de leur dévouement.

A tous ces avantages réunis vient s'en ajouter un autre d'une importance majeure, reconnue depuis longtemrs. Le Tonkin, par sa situation géographique, est appelé à servir de débouché au commerce de l'Europe et de la Chine à laquelle il touche par les provinces du Yun-Nan, du Kouang-tong et du Kouang-si.

Le Yun-Nan ne renferme, il est vrai, qu'une population de neuf à dix millions d'habitants, dont la moitié est composée de musulmans qu'a épargnés la guerre civile qui a ravagé, il y a quelques années, cette malheureuse province ; mais il est riche en mines de toutes sortes, surtout d'étain, qui, exploitées par des mains habiles, lui rendront bien vite la prospérité, si les échanges par la voie du Tonkin peuvent se renouer. Maintenant, si nous jetons les yeux sur une carte de la Chine, nous voyons que, contigu au Yunnan, se trouve le Ssetchuen, une des provinces possédant le plus de ressources naturelles et des plus peuplées de l'empire. Seulement sa situation géographique est telle qu'elle ne peut communiquer que par le Yang-tse-kiang avec la mer, éloignée de sa capitale de plus de 1,500 milles, de telle sorte que les jonques mettent deux mois et demi pour descendre le fleuve et cinq mois pour le remonter. De plus, la route, sur un parcours de 100 milles, est obstruée par des rapides qui constituent un obstacle sérieux à la navigation. Ajoutons à cela les surtaxes de 10 pour 100 *ad valorem* que les marchandises sont obligées de payer à la douane établie à l'entrée ou à la sortie de chaque province qu'elles doivent traverser avant d'arriver à leur destination.

Les Anglais ont fait des efforts surhumains pour découvrir une route plus courte et plus facile qui leur permettrait de conquérir ce groupe de 50 millions de consommateurs et de producteurs de premier ordre. Mais jusqu'à présent ils ont échoué, et, malgré l'énergie qui caractérise leur race, quand il s'agit de leurs intérêts commerciaux, ils ont peu de chances de réussir, si nous devons en croire les lignes suivantes empruntées à un voyageur qui ne saurait être suspect de partialité pour les Français, au baron de Reichtofen, ancien président de la Société de géographie de Berlin : « On doit désormais, dit-il, considérer comme résolu le problème qui depuis si longtemps occupait beaucoup d'esprits et qui consistait à savoir si une route commerciale directe pouvait être établie avec la partie sud-ouest de la Chine et quelle était la direction qu'elle devait suivre. Celui qui étudie la question avec impartialité ne doutera pas un seul instant, après un examen suffisant, que tous les avantages ne soient pour la route qu'offre le fleuve du Tonkin et tous les désavantages non-seulement pour la voie anglaise de l'Iraouaddy, mais pour toutes les autres routes qui ont été ou qui peuvent être projetées pour pénétrer dans le Yunnan par sa partie ouest ou sud-ouest. »

Ainsi nous avons lieu d'espérer que le courant commercial du sud-ouest de la Chine, dont il serait puéril d'évaluer même approximativement le montant, dérivera vers le Tonkin le jour où des relations seront ouvertes avec le Yunnan.

Un autre marché que nous ne devons pas perdre de vue est celui de Luangprabang, le centre laotien le plus considérable de l'Indo-Chine. le lieu de refuge et le point d'appui naturel de toutes les populations de l'intérieur qui veulent fuir le despotisme des Siamois et des Birmans. Or le roi d'Annam n'a pas abdiqué ses droits sur le Laos. C'est tout ce que nous en dirons de peur de provoquer des susceptibilités que nous avons intérêt à ménager.

En résumé, vaste territoire, admirablement situé au point de vue politique, commercial et stratégique, richement doté par la nature, jouissant de tous les climats, habité par une population nombreuse, assimilable, douce, indifférente et possédant d'excellentes bases administratives dans la forte organisation des communes ; voilà ce que nous sommes appelés à trouver au Tonkin, en même temps qu'un débouché important pour notre commerce et notre industrie.

II

Reste à examiner si l'établissement de notre protectorat sur l'Annam est conforme, dans les circonstances présentes, à nos véritables intérêts. Pour nous, malgré tout ce qui a été dit ou écrit dans le but de décourager et d'arrêter le gouvernement de la République dans la poursuite de cette grande œuvre, conçue il y a plus de cent ans et dont la réalisation a été retardée par des événements malheureux, nous sommes convaincu que jamais nous ne trouverons une meilleure occasion pour assurer et développer nos intérêts politiques, commerciaux et religieux dans l'extrême Orient, et que l'occupation de tout l'Annam, scellée par le sang de nos braves soldats, loin d'être stérile dans ses résultats, suivant certaines prédictions, augmentera considérablement notre influence extérieure et notre prospérité intérieure.

Les détracteurs de cette politique prétendent qu'avec notre manque d'esprit de suite, nos changements constants de gouvernement, nos idées démocratiques et philanthropiques, notre amour du sol, nous ne serons jamais colonisateurs, n'ayant aucune des qualités nécessaires que possèdent seules les races égoïstes, plus entreprenantes et moins attachées à la terre qui les a vues naître. Ces allégations sont appuyées de détails statistiques présentés habilement de manière à en cacher la frivolité. Nous ne nions pas que, quelquefois inconstants et mobiles, nous brûlons trop promptement ce que nous avons adoré et que nous cédons, sans réfléchir suffisamment, à l'ardeur de notre tempérament ; mais, à côté de ces défauts, on ne peut contester à notre race française la pénétration, le courage, l'initiative individuelle, une force morale à toute épreuve, une énergie indomptable au travail et, par dessus tout, une compréhension exacte et saine de ses intérêts, accompagnée d'un grand esprit d'économie qui va quelquefois jusqu'à la parcimonie. C'est grâce à ces dispositions naturelles que notre pays est devenu riche, fort, puissant et un des premiers dans les arts, les lettres et les sciences. Cette grandeur n'est pas l'œuvre d'un jour, ni d'un gouvernement, mais le résultat d'un grand nombre de siècles pendant lesquels le même but a été poursuivi avec une persévérance et une ténacité qui font honneur aux générations qui se sont succédé. En présence de cette continuité de vues, de cette unité d'action qui a su résister à toutes les épreuves, comment admettre que nous soyons incapables de mener à bonne fin des entreprises coloniales, lorsqu'il ne s'agit que de suivre les traces de ceux qui, passés maîtres en colonisation, en ont fait un art à l'usage des peuples? On nous objecte que nous sommes trop philanthropes, que nous aimons trop notre *home* pour le quitter et que nos possessions d'outre-mer sont dans un état de stagnation regrettable. D'abord il nous sera facile, surtout après les leçons que nous avons reçues, de nous guérir de cet amour exagéré de nos semblables, quoiqu'il en coûte de changer son naturel et d'abdiquer son rôle humanitaire; en second lieu, nous dirons que les autres arguments sont plus spécieux que fondés.

Il fut un temps, et ce temps n'est pas très éloigné, où la France régnait dans la mer des Indes, et où nous possédions la Louisiane et le Canada. On n'hésitait pas alors à transporter ses pénates dans ces pays lointains, habités encore aujourd'hui par un grand nombre de descendants de ces premiers colons que leurs intérêts ont fait renoncer à leur nationalité, mais dont le cœur est toujours tourné vers leurs patrie d'origine. Le rôle que nous jouions à cette époque était digne d'une grande puissance maritime et commerciale; puis, les événements plus forts que la volonté des peuples sont survenus, et une nation rivale, profitant habilement de nos fautes, a pris notre place en nous laissant quelques îles dont elle ne voulait pas. A partir de ce jour, nous sommes restés chez nous, parce que nos possessions d'outre-mer, les unes, à cause de l'insalubrité de leur climat, de leur éloignement, de l'épuisement de leur sol; les autres, en raison des systèmes politiques qu'on y a introduits, du caractère des indigènes, du manque de bras, n'ont jamais offert à nos populations de l'intérieur des perspectives assez brillantes et des attraits assez séduisants pour les pousser à quitter le certain pour courir après l'incertain. C'est à ces causes plutôt qu'au caractère de la nation que l'on doit s'en prendre si nos colonies n'ont pas prospéré davantage. L'Algérie, située à nos portes, et qui semble réunir toutes les conditions favorables à la colonisation, aurait dû faire exception. Malheureusement, disons-le, depuis plus de cinquante ans que la conquête est commencée, la pacification, par suite de difficultés sans nombre, n'a pu encore s'achever, et nous sommes obligés d'y entretenir constamment une armée pour prévenir ou écraser les mouvements insurrectionnels fomentés par le fanatisme musulman. En outre, cette population de trois millions d'Arabes, plus nomade que sédentaire, plus guerrière qu'agricole, possède encore une grande partie du sol resté inculte, parce que l'eau lui fait défaut et que les voies de communication ne sont pas suffisantes. Telles sont les principales raisons qui font qu'il n'y a encore en Algérie que 230,000 Français et 225,000 étrangers. Le jour où ces problèmes économiques seront résolus, notre jeune France africaine retrouvera la richesse dont elle a joui autrefois, colons et capitaux y afflueront, la tranquillité y sera maintenue plus facilement, et cette terre bénie qui à l'abondance unira la proximité de la métropole, l'excellence du climat, nous rendra largement ce que nous aurons fait pour elle. Elle ouvrira de nouveaux horizons à nos ouvriers dont le sort est si digne d'intérêt; les crises qui amènent avec elles le chômage et la misère pourront être conjurées, et la solution de la question sociale aura fait un grand pas.

D'un autre côté, si, en dehors de nos colonies, on rencontre un si petit nombre de Français à l'étranger, cela prouve qu'aux cœurs bien nés la patrie est chère, que notre ruche n'est pas assez pleine pour que les essaims soient obligés d'aller butiner ailleurs, enfin que les ressources de notre pays sont encore assez abondantes pour permettre non-seulement à ses enfants de vivre chez eux en travaillant, mais d'accueillir comme nous le faisons les étrangers qui viennent nous demander l'hospitalité.

Il existe deux classes d'émigrants : les uns qui, désespérant de faire face aux nécessités du moment, quittent leur patrie sans regret, sans esprit de retour ; ceux-là, heureusement jusqu'à présent, ont été peu nombreux en France ; les autres qui, poussés par l'esprit d'aventure, espèrent qu'en courant après la fortune, ils parviendront à la saisir, et partent en songeant au jour où ils rentreront dans leurs foyers. Parmi ces derniers, quelques-uns, après avoir réussi au prix des plus durs sacrifices, tels que celui de leur nationalité, restent dans leur nouvelle patrie. D'autres, c'est le petit nombre, demeurés Français, reviennent, après un certain temps, riches, bien portants et contents. Mais, à côté de ces favorisés du sort, combien meurent sur la terre étrangère sans avoir atteint leur but et après avoir vu toutes leurs espérances déçues par des causes indépendantes de leur volonté, telles que guerres civiles, tremblements de terre, etc. ! Voilà pourquoi nous émigrons peu à l'étranger, et pourquoi on rencontre si peu d'Anglais en dehors de leurs colonies. Ce qui n'empêche pas que leur commerce occupe partout la première place et que leurs marchandises trouvent un écoulement facile et lucratif. Excellents économistes, ils savent tirer le meilleur parti du capital et du crédit ; leurs manufacturiers s'efforcent de satisfaire les besoins et les goûts des peuples, et leur gouvernement, guidé par l'opinion publique, ne recule devant aucun moyen pour augmenter et développer la fortune publique.

III

Aussi quand ces commerçants sans pareils, ces colonisateurs, dont le génie embrasse le monde, attaquent, comme ils le font, dans leurs journaux, notre entreprise de l'Indo-Chine, loin de nous plaindre de leurs critiques, de leurs dédains, de leurs sarcasmes et de leurs allégations quelquefois blessantes, nous devons nous en réjouir. C'est la meilleure preuve que nous sommes dans la bonne voie et qu'ils commencent à nous considérer comme des rivaux sérieux. Sachons-leur gré en même temps de l'excellent conseil qu'un de leurs organes les plus puissants, le *Times*, a bien voulu nous donner le 18 septembre 1883 : « How are the French going to extract any benefit from a such condition of affairs in Annam : there is only a way and that is protection and mono-poly. »

Protection et monopole, comprenons-le bien, sont les seuls moyens de retirer des bénéfices réels de notre établissement en Annam. Nos bons amis les Anglais ont raison. Sans la Compagnie des Indes, dont l'idée nous appartient, il est probable qu'ils ne seraient pas parvenus si rapidement à ranger sous leur domination les deux cents millions d'Indous que gouverne aujourd'hui l'impératrice de la Grande-Breta-gne. Pourquoi ne les imiterions nous pas et, lorsque la période de la pacification sera achevée, ne créerions-nous pas une grande Compagnie française, organisée sur les bases les plus libérales, qui serait placée sous la direction d'hommes honnêtes et habiles, et à laquelle seraient concédés *temporairement* certains droits et privilèges en même temps que des garanties lui seraient demandées? Cette mesure, simplement de protection, qui ne nous empêcherait pas d'ouvrir conditionnellement l'Annam au commerce étranger, nous semble le corollaire indispensa-ble de l'occupation du Tonkin. Toutes les charges du protectorat, qui seront très lourdes au début, nous incombant, nous jouerions un rôle de dupes si nous ne faisions en notre faveur des réserves importantes. D'autre part, nous ne devons pas nous le dissimuler, quelles que soient les ressources du Tonkin, notre commerce, notre industrie et nos ca-pitaux hésiteront à s'y porter, s'ils ne sont assurés d'avance d'être pro-tégés contre la concurrence des Chinois, des Anglais, des Allemands et des Américains, qui envahiront cette terre promise. Il est donc indis-pensable que nous leur déblayions la voie en accordant à une grande société représentant nos intérêts généraux des avantages exclusifs qui, en stimulant l'initiative individuelle, nous assurera le rang et les bé-néfices qui nous reviennent dans cette entreprise française.

Il est une autre mesure qui nous semble dictée par les circonstances. Maintenant que le traité de 1874, que nous avons considéré comme l'instrument de nos droits, ne peut plus nous être d'aucune utilité, nous croyons qu'il est opportun de profiter de l'occasion pour soustraire les Tonkinois, au milieu desquels nous allons nous implanter, au joug odieux que nous avons contribué à leur imposer, il y a quatre-vingt-un ans, et qui pèse si lourdement sur eux depuis cette époque. Laissons les libres d'adopter le gouvernement de leur choix ; si nous n'obtenons pas une reconnaissance sur laquelle il est difficile de compter, nous faciliterons en tout cas notre tâche en supprimant un élément administratif inutile et dangereux. Que penserions-nous d'un propriétaire ou d'un fermier qui confierait la garde de ses troupeaux à des loups affamés ! « Le désir de lever l'étendard de la révolte, écrivait l'amiral Lafont, gouverneur de la Cochinchine, le 16 décembre 1878, au ministre de la marine, ne date pas d'hier. On peut même dire qu'il a toujours existé depuis la conquête du pays par Gialong en 1802, et il s'est manifesté en maintes reprises par des mouvements insurrectionnels. D'après tous les renseignements qui me sont parvenus depuis que je suis ici, il paraîtrait que la patience des populations serait à bout, et qu'elles n'attendent qu'une occasion pour se débarrasser de la tyrannie des mandarins de Hué. Le peu de bien-être que nous avons répandu autour de nous, en assurant une certaine liberté aux transactions et quelque sécurité aux habitants, leur a donné un avant-goût de la prospérité à laquelle le pays pourrait atteindre en des mains non vénales. Le parti des lettrés, qui est très puissant, n'est pas très bien disposé en notre faveur ; mais il déteste aussi les mandarins de Hué, qui lui enlèvent les positions élevées et lucratives. Ce parti accepterait notre protectorat si on lui garantissait les places importantes. Quant aux riches propriétaires, commerçants et bas peuple, ils préféreraient notre domination directe. »

« Quoi que nous fassions, ajoutait plus tard le même amiral, on peut s'attendre à ce que le gouvernement anamite saisisse avec empressement toute occasion qui pourrait lui être offerte de nous nuire. Notre politique en Annam ne doit s'inspirer d'aucun sentiment de générosité ; toute part d'influence que nous laisserons à la cour de Hué sera évidemment une force que celle-ci tournera contre nous. »

Les événements qui se sont succédé depuis cette époque nous ont suffisamment éclairés sur les sentiments de la cour de Hué à notre égard, et nous savons ce que avons lieu d'attendre du parti dominant à cette cour qui a fait assassiner le roi Huep-Hoa pour avoir signé le traité du 25 août 1883. Conclure de l'adhésion que le nouveau souverain et ses ministres viennent de donner à cette convention que le gouvernement annamite accepte l'ordre de choses qui lui a été imposé par nos canons serait plus que de l'illusion de notre part. Or, nous le demandons, aujourd'hui qu'ils ont épuisé les moyens de nous nuire, pouvons-nous laisser à ces mandarins affamés de vengeance l'administration de ces 12 millions d'habitants que nous nous sommes engagés à protéger? *Divide et impera* est aussi une maxime que nous ne devons pas oublier quand il s'agit d'Orientaux. Ainsi la Cochinchine aux Annamites, le Cambodge aux Cambodgiens, le Tonkin aux Tonkinois, le Laos aux Laotiens, le tout placé sous notre tutelle, c'est-à-dire le gouvernement respectif de ces états reconnaissant et acceptant notre protectorat qui, dans la langue annamite, implique le pouvoir illimité du père sur ses enfants, la France de son côté s'engageant à garantir l'intégrité du territoire contre toute agression, à maintenir l'ordre et à développer la prospérité du pays, voilà ce qu'il nous importe avant tout d'établir définitivement afin d'assurer le présent sans compromettre l'avenir. Il ne nous restera plus, quand le pays sera pacifié, qu'à affirmer notre droit de possession en prenant en main le gouvernement, tout en laissant au chef de chaque état les avantages extérieurs de la souveraineté, aux populations, leurs institutions religieuses, judiciaires et administratives, et en respectant les us et coutumes des habitants.

Un autre facteur important dans cette grosse question et que nous aurions le plus grand tort de considérer comme une quantité négligeable, c'est la Chine, cette contrée de 400 millions d'habitants avec lesquels nous allons nous trouver en contact direct. Les hommes d'État de ce vieil empire qui a su grandir et se développer loin du reste du monde et qui redoute par-dessus tout l'envahissement de nos idées modernes ont appris avec une profonde consternation nos projets d'établissement sur leur frontière et ont fait tous leurs efforts pour que nous y renoncions. Jamais campagne d'intimidation n'a été menée par des Asiatiques avec plus d'audace, nous aurions même pu ajouter plus d'habileté, s'ils n'eussent dans les derniers temps compromis leurs petits succès diplomatiques par des menaces ridicules et, ce qui est plus grave, par une violation flagrante du droit international. Par ces actes inqualifiables, le gouvernement de Pékin s'est fermé momentanément la porte aux négociations ; il ne s'agit plus aujourd'hui de discussion de suzeraineté, de revendication de territoire ou de fixation de zone neutre — il nous doit avant tout des explications catégoriques au sujet du mal qu'il nous a fait et du dommage qu'il nous a causé volontairement. Quoi qu'il arrive, armés de notre droit et de notre force, nous sommes maîtres de la situation. Si, pour sauvegarder sa dignité si imprudemment engagée, cédant à des préjugés et à des conseils perfides, il préfère régler la question par le sort des armes, nous n'avons pas à nous préoccuper des conséquences d'une lutte aussi inégale et dont l'issue ne pourra tourner qu'à notre profit et à celui de la civilisation. Mais il est permis d'espérer que, dans le conseil de l'Empire, il se trouvera assez d'hommes intelligents et amis de leur pays ainsi que de la dynastie pour comprendre les dangers d'une pareille aventure, et que tout finira par s'arranger au moyen d'un traité qui, en nous assurant *la possession pleine et entière de l'Annam*, délimité d'un commun accoŕd, et en ouvrant au commerce étranger les provinces méridionales de l'empire, établira entre les deux pays des rapports constants de paix et de bonne amitié qui doivent exister entre deux voisins. La Chine y gagnera la sécurité de ses frontières, que ncus pourrons lui garantir, comme l'a proposé Ly-hong-tchang à M. Bourée, un accroissement de richesse pour le gouvernement et les populations, le repeuplement de provinces dévastées et décimées par la guerre civile, l'exploitation de leurs ressources naturelles, enfin la tranquillité de leurs habitants, dont le bien-être matériel apaisera les haines politiques ou religieuses. Quant à nous, il est difficile de dire exactement tous les avantages que nous en retirerons ; pour cela il faudrait prévoir les conséquences de la révolution sociale et économique qui s'opèrera dans cet immense empire, le plus grand marché du globe, lorsque, cédant à la pression des nations de l'Europe et de l'Amérique, il ouvrira ses barrières au génie progressiste de la science moderne. En tout cas, nous serons aux premières places pour en profiter. L'avenir de notre établissement dans l'Indo-Chine est lié à celui de l'extrême Orient tout entier, et, pour résoudre sagement et patriotiquement ce grand problème, nous ne devons pas l'examiner seulement au point de vue de notre intérêt immédiat, mais aussi au point de vue de la politique future et des intérêts permanents de notre pays.

Un dernier mot. Des esprits éclairés, justement préoccupés de la situation politique de l'Europe, craignent que le moment ne soit pas opportun pour fonder des établissements coloniaux, et auraient préféré que le gouvernement de la république, au lieu d'éparpiller nos forces, employât tous ses efforts pour les maintenir sous sa main. Nous ne nions pas que l'horizon ne soit chargé de nuages ; mais l'est-il plus qu'hier ? peut-on affirmer que ces millions d'hommes armés jusqu'aux dents seront disposés demain plns qu'aujourd'hui à s'entr'égorger pour satisfaire leurs rancunes et leur ambition ? Chaque peuple a trop d'embarras intérieurs, sans compter les périls de la question sociale, pour ne pas désirer la continuation de la paix. Néanmoins, nous le reconnaissons, plus qu'aucun autre, nous devons être prêts à toute éventualité ; mais qui croira qu'une puissance de premier ordre, qui peut mettre en ligne plus de deux millions de combattants, ne puisse détacher, sans toucher aux cadres de son armée organisée en vue d'une rapide mobilisation, les hommes nécessaires pour pacifier l'Annam, battre la Chine si elle nous y oblige, et garder nos nouvelles possessions ? Nous n'avons pour cela qu'à former une armée coloniale, et nous pourrons, sans crainte de l'avenir, poursuivre énergiquement et résolument la grande œuvre qui est appelée à nous procurer un empire de 50 à 60 millions d'habitants facilement gouvernables, une immense étendue de territoire d'une fertilité incomparable, des ressources sans nombre aisément exploitables, des débouchés d'une importance incalculable pour notre commerce et notre industrie, une situation dans l'extrême Orient excellente au point de vue stratégique et politique, le relèvement de notre prestige affaibli par le massacre de Tien-tsin et nos malheurs de 1870, enfin le développement de notre influence dans le monde entier.

Le Puy, typographie Marchessou fils, boulevard Saint-Laurent, 23.

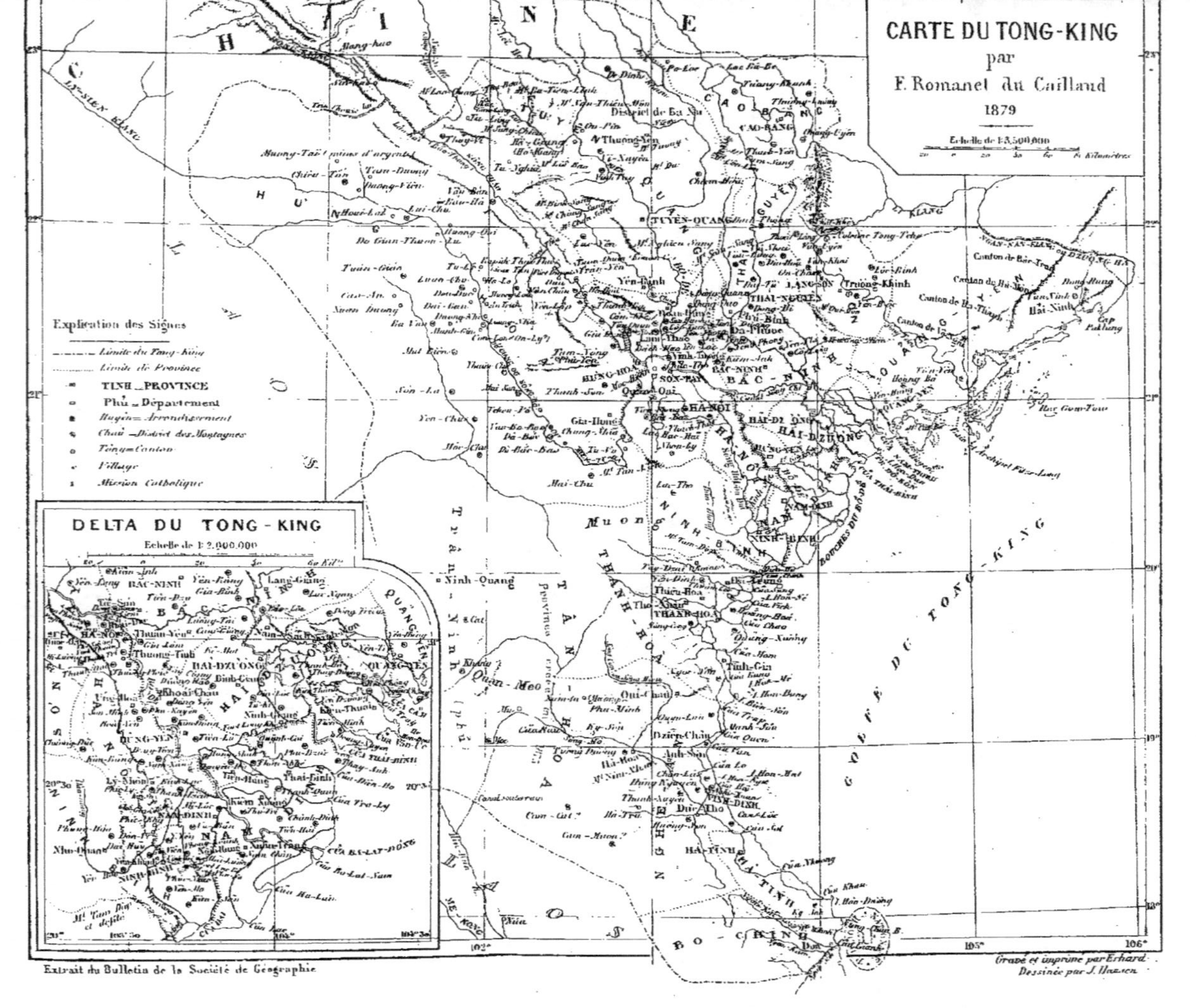

CARTE DU TONG-KING
par
F. Romanet du Caillaud
1879
Echelle de 1:3.500.000

Explication des Signes
Limite du Tong-King
Limite de Province
TINH — PROVINCE
Phû — Département
Huyên — Arrondissement
Chau — District des Montagnes
Tông — Canton
Village
Mission Catholique

DELTA DU TONG-KING
Echelle de 1:2.000.000

CHINE
GOLFE DU TONG-KING

Extrait du Bulletin de la Société de Géographie
Gravé et imprimé par Erhard
Dessinée par J. Hazien

30